THE SMURFS

근육이 스머프를 찾아라!

스머프 친구들의 우정

어떤 문제든 차근차근 하나씩 풀어 나가면 돼. 힘든 일들은 나 근육이가 도와줄 테니까 자, 다 같이 힘내자!

원작 피에르 컬리포드(Pierre Culliford)

필명은 페요(Peyo). 어린 시절 사촌이 '피에르'를 제대로 발음하지 못해서 '페요'로 부르던 것을 필명으로 삼았다. 1928년 벨기에 출생. 10대 시절, 나치 점령기에 영화관에서 영사 기사로 일했는데, 독일 선전부의 까다로운 검열로 싫증나는 영화들만 보는 와중에 〈로빈 후드의 모험〉과 〈백설 공주와 일곱 난쟁이〉에 심취했다. 그래서 전쟁이 끝나자 일러스트 공부를 시작, 이때 파트너 작가 이반 델포르트(Yvan Delporte)를 만나서 로빈 후드 풍의 중세 모험담 만화 〈요한 Johan〉(1947년)을 만들며 〈요한과 피위〉 시리즈를 탄생시켰다. 피위는 〈바위 숲의 꼬마 도깨비〉(1954년) 편에 조연 캐릭터로 등장시킨 꼬마 익살꾼이다. 그러다가 아홉 번째 에피소드인 〈구멍이 여섯 개 나 있는 플루트〉(1958년) 편에 '저주받은 땅에 사는 신비로운 꼬마 요정, 스머프'를 등장시켰는데, 본 캐릭터를 능가하는 인기를 끌면서 다음 에피소드에 연이어 등장했다. 결국 이듬해에 〈개구쟁이 스머프〉(1959년) 시리즈가 새롭게 시작되어 오늘날까지 전 세계적인 사랑을 받게 되었다. 2008년 벨기에 정부는 스머프 탄생 50주년을 기념해서 스머프 캐릭터가 새겨진 5유로 동전을 제작했다.

© Peyo – 2020 – Licensed through I.M.P.S. (Brussels) – www.smurf.com

Korean translation copyright©2020 by MIRBOOK COMPANY

이 책의 한국어판 저작권은 아시아나 에이전시를 통해 저작권자와 독점 계약한 미르북컴퍼니에 있습니다
저작권법에 의해 한국 내에서 보호를 받는 저작물이므로 무단 전재와 무단 복제를 금합니다.

THE SMURFS™

근육이 스머프를 찾아라!

스머프 친구들의 우정

더모던
Themodern L

아기 스머프
난 딸랑이 없이는
아무 데도 가지 않아요.
내가 너무 작고 귀여워서
잘 안 보이면 딸랑이를 찾으세요!

하모니 스머프
내 연주를 들어 볼래?
"삑!" 이런, 또 음 이탈이 났네.
손에서 트럼펫을 놓질 않고
연습하는데 정말 속상해.

만능이 스머프
난 파란 작업복을 입고
귀에 연필을 꽂고 다녀.
설계도를 그려서 무엇이든 만들지.

타잔 스머프
"아~ 아아~~!"
난 나뭇잎 모자에 샅바 차림이야.
나무를 타려면 가벼워야 하거든.

시인
난 깃털 펜을 들고 있어.
시상이 떠오르면
바로 받아 적어야 하거든!

스머페트
가가멜이 '차가운 심장'을
넣어서 날 만들었지만,
진짜 스머프가 되면서
따듯하고 행복한 마음을 갖게 됐어.
이 예쁜 머리카락과 드레스 좀 봐!

익살이 스머프
"얘들아, 이거 내 선물이니까 받아."
히히, 폭탄 선물 상자가 "펑" 터질 때
깜짝 놀라는 표정들이
얼마나 재밌는지 몰라!

똘똘이 스머프
뭐든지 궁금한 게 있으면 말이야.
이 척척박사 똘똘이를 찾아오라고!
렌즈 닦을 때 말고는 늘 안경을
쓰니까, 찾기 쉬울 거야.

꼬마 스머프들

자연이
농부 스머프랑 헷갈려요?
밀짚모자만 보니까 그렇죠.
난 맨발이에요!
애벌레와 함께 있고요.

껑충이
난 번개 무늬의 노랑 티셔츠를 입어요.
음, 그게 말이죠. 내 성격과도 잘 맞대요.
성격도 급해서 자주 욱하거든요.

사세트
난 분홍색을
정말정말정말 사랑하는,
명랑한 말괄량이 꼬마 아가씨예요!

졸음이
게으른 게 아니라 졸린 거예……
흠냐, 아, 깜박 졸았어요.
네? 모자까지 졸려 보인다고요?

스머프
스머프들은 다들
흰 모자에 흰 바지 차림이야.
좀…… 구별하기 어렵지? 그러니까
각자의 특징들을 잘 기억해야 해.

허영이 스머프
"거울아 거울아,
내 모자에 분홍 꽃인들 안 어울리겠니?"
아유 참, 거울에서 눈을 뗄 수가 없네.

욕심이 스머프
난 먹는 게 제일 좋아!
그래서 절대로 음식을 남기지 않지.
그리고 세상엔 맛있는 게 너무 많아!

요리사 스머프
최고의 셰프라면 항상
모자와 앞치마를 갖춰 입어야지.
이 컵케이크 한번 먹어 볼래?

농부 스머프
난 향긋한 흙 내음이 좋아!
그래서 정원에서 채소를 가꾸지.
밀짚모자와 부츠는 목욕할 때만 벗어.

화가 스머프
이 나비 넥타이 어떠니?
내 그림은?
정말 예술적이지? 그렇지?

게으름이 스머프
"하아~ 암!" 베개를 들고 다녀야,
틈이 날 때 곧바로 잠들 수 있어.
난 자고 있을 테니까, 절대로 깨우지 마!

꿈돌이 스머프
우주에 가 본 사람? 나야, 나!
스웁프들을 본 사람? 나야, 나!
이 우주복과 헬멧이면, 이륙 준비 완료!

근육이 스머프
팔뚝의 하트 보여?
친구들의 힘든 일을
앞장서서 돕는 내 마음이야.
어때, 멋지지?

파파 스머프
에헴, 나는 542살,
이 마을의 최고 어른이란다.
문제가 생기면 언제든
빨강 모자와 흰 턱수염을 찾아오너라.

투덜이 스머프
재밌는 거 싫어!
재미 없는 것도 싫어!
뭐든 다 싫은 나도 싫어!

안전한 놀이터 만들기

"일하고 공부하는 것만큼 신나게 노는 일도 중요하단다. 너희가 원하는 놀이터를 지어 보렴." "네, 파파 스머프!" 우리는 회의를 해서 모두가 꿈꾸는 놀이터를 만들었어! 봐, 정말 멋지지? 하지만 얘들아, 잠깐! 안전이 먼저야. 꼼꼼하게 검사부터 해야지. 내가 무서워서 그러는 게 절대 아니라고!

식당에 불이 났어!

"불이야! 요리사의 주방에서 불이 났어!" 이런, 친구들이 위험해!
다들 친구들 걱정에 한걸음에 달려나왔어. 지붕 위의 친구들을 대피시켜야 해.
파파 스머프의 모자와 욕심이의 바지에 불이 붙었지만 다행히 제때 불을 껐어.
그런데…… 세상에, 욕심이는 어떻게 음식 접시까지 들고 나온 거야?

스머프해의 해적선

공상이가 먼 바다를 항해하고서 스머프베리 씨앗을 가지고 돌아왔어. 그때부터 우리는 늘 공상이처럼 멋진 모험을 하는 꿈을 꿨지. 그래서 호수를 '스머프해'로 명명하고 해적선 놀이를 시작했어. "난 피터팬의 후크 선장이다! 항복하라!" "어림없는 소리. 내게는 보물섬과 보물 지도가 있다!" 제법 그럴듯하지?

가가멜이 파파 스머프?

가가멜이 마을에 나타났어! 대체 우리 마을을 어떻게 찾아냈지? "난 파파 스머프야. 너희가 너무 싸우길래 협동하게 하려고 마법의 주문으로 가가멜과 몸을 바꾼 거란다. 탁탁탁~ 그대로 이루어져라!" 그런 거짓말에 속을 줄 알고? 얘들아, 모두 힘을 합쳐서 가가멜을 밧줄로 꽁꽁 묶자! 영차 영차!

엉망진창 축구 경기

"삑! 삐빅! 근육아, 축구공을 발로 차면 어떻게 하니? 축구공은 손으로…… 아니, 잠깐만, 심판이 헷갈렸다고 대들면 어떡하니? 레드카드를 줄 테니까 넌 어서 퇴장하고……." 이런, 축구를 할 줄 모르는 똘똘이에게 심판을 맡겼더니 경기가 엉망이 됐어. 으, 내일 재경기를 해야겠는걸.

첫 인간 친구, 요한과 피위

파파 스머프가 만든 '요술 플루트'는 사람을 정신없이 춤추게 만드는 악기야. 그게 인간 악당의 손에 들어간 거야! 요한과 피위가 마법사 홈니부스의 도움을 받아서 스머프 마을에 찾아왔지. 와, 스머프들의 첫 인간 친구들이잖아! 환영의 노래를 불러 줘야겠어. "정말 반가워~ 요한과 피위~ 친구드을아~!"

승부의 세계

"탕!" 달려라, 달려! 총소리가 나자 쏜살같이 달려 나갔어. 매년 한 가지씩 주제를 정해서 축제를 여는데, 올해는 '누가 누가 빠를까?' 경주야. 마을을 크게 빙그르르 돌아 오면 돼. 다들 승자를 점치느라고 들떠 있네. 그렇다고 가장 중요한 걸 잊으면 안 돼. 안전 말이야!

아름다운 물속 세상

야호, 즐거운 소풍이야! 오랜만의 물놀이에 다들 들떴네. 와, 타잔이 다이빙하는 것 좀 봐! 이번에는 잠수부 스머프를 따라서 스노클링을 하는 친구들이 많아. 재미도 있고, 무엇보다도 물속 세상을 깨끗하게 청소하기로 했거든. 물고기 친구들이 고마워하는 것 같아서 뿌듯해.

운동회의 슈퍼스타

나는 운동회 날이 제일 좋아! 달리기도, 높이뛰기도, 멀리뛰기도, 모두 나 근육이의 독무대거든! 하지만 딱 하나, 쇠스랑 던지기는 1등을 할 수가 없어. 농부 스머프가 52센티미터나 날리거든! "근육아, 아무리 재능이 있어도, 매일 단련하는 자를 이길 수는 없단다. 명심하렴!"

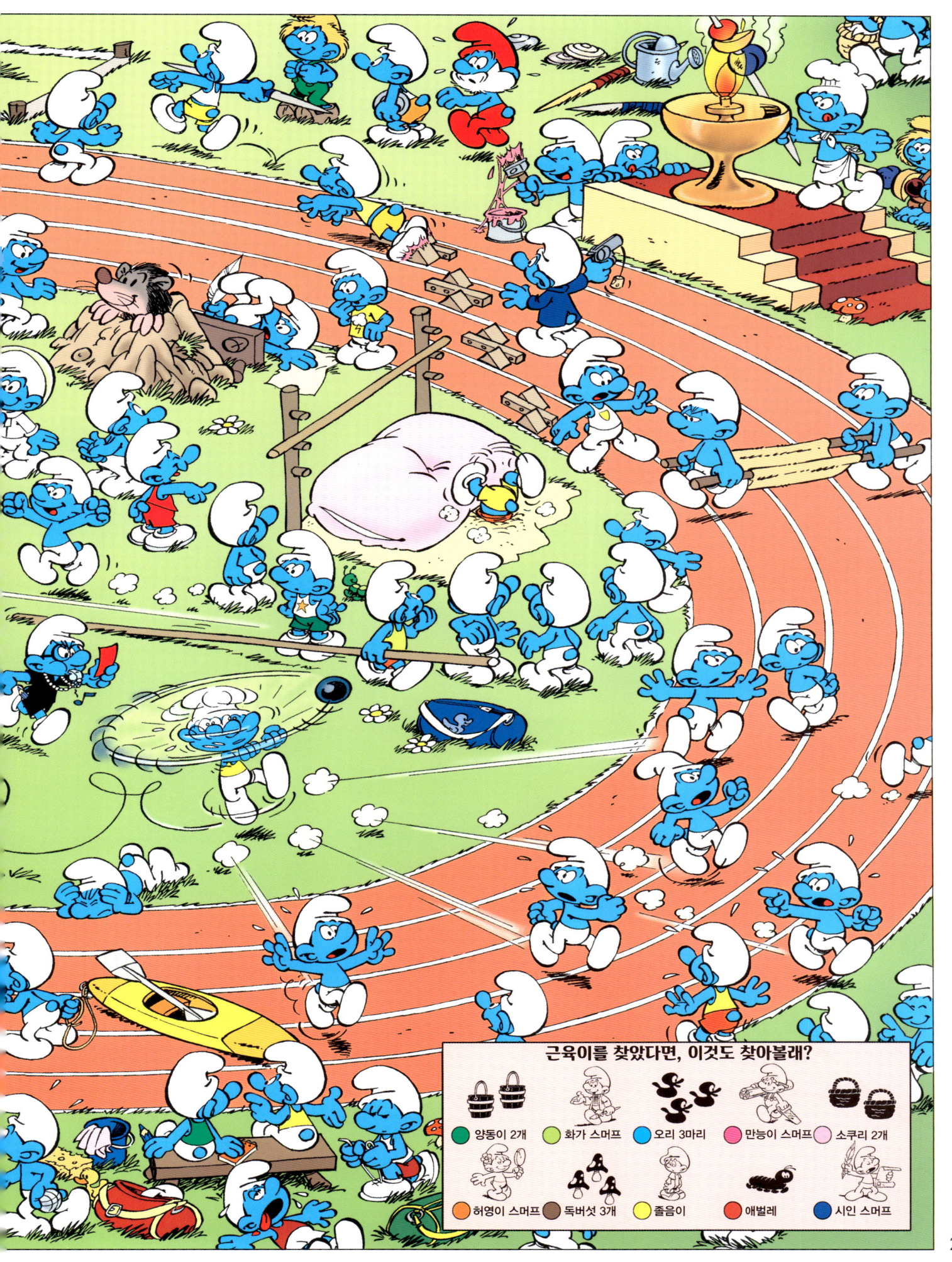

스머페트의 생일 파티

스머페트가 '진짜 스머프'가 된 지 1년이 됐어! 모두들 스머페트의 생일을 진심으로 축하해 주는구나. 시인 스머프가 연극 대본을 쓰고, 모두가 배역을 맡아서 혼신의 연기를 펼치고 있어. 캄캄한 지하감옥에 갇혔다가 구출되는 공주 이야기야. 우리도 잠시 함께 감상해 볼까?

정답이 궁금하면 물구나무를 서시오!

p. 6 **월동 준비**

p. 8 **안전한 놀이터 만들기**

p. 10 **식당에 불이 났어!**

p. 12 **스머프해의 해적선**

p. 14 **가가멜이 파파 스머프?**

p. 16 **엉망진창 축구 경기**

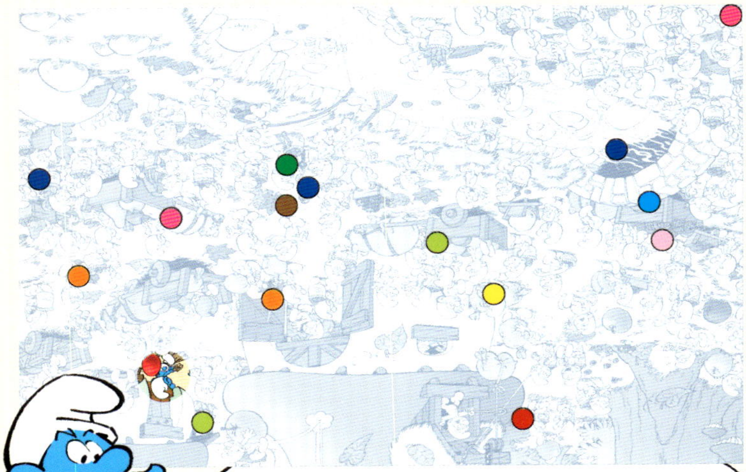

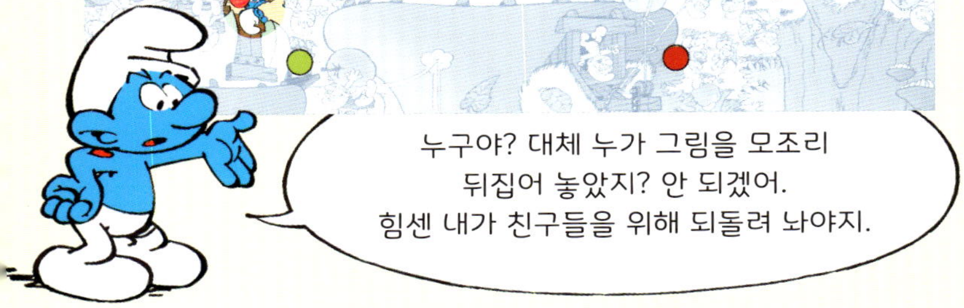

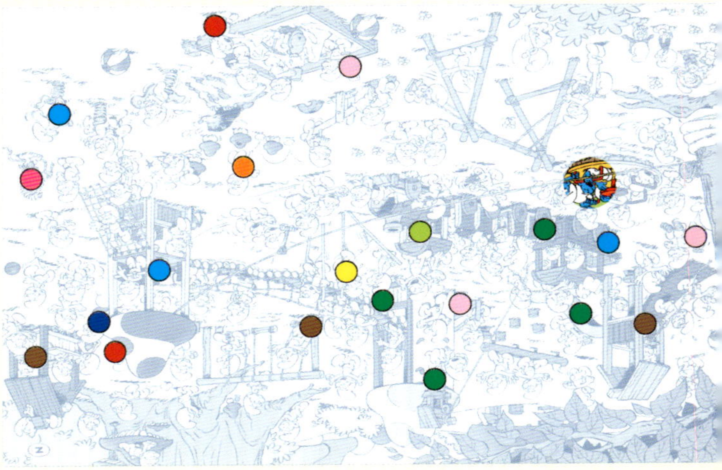

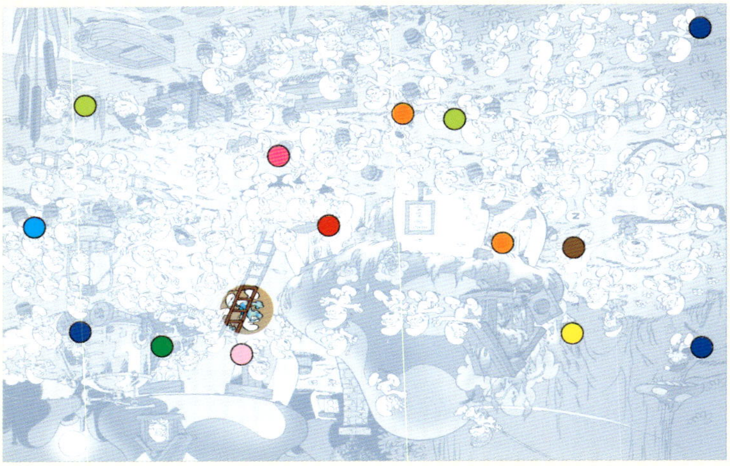

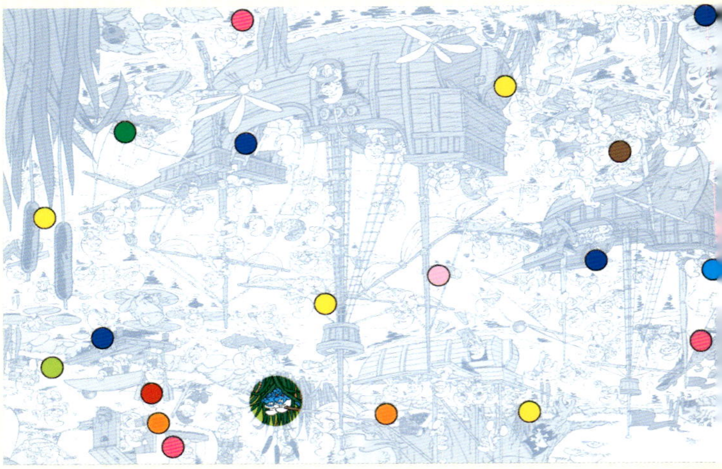

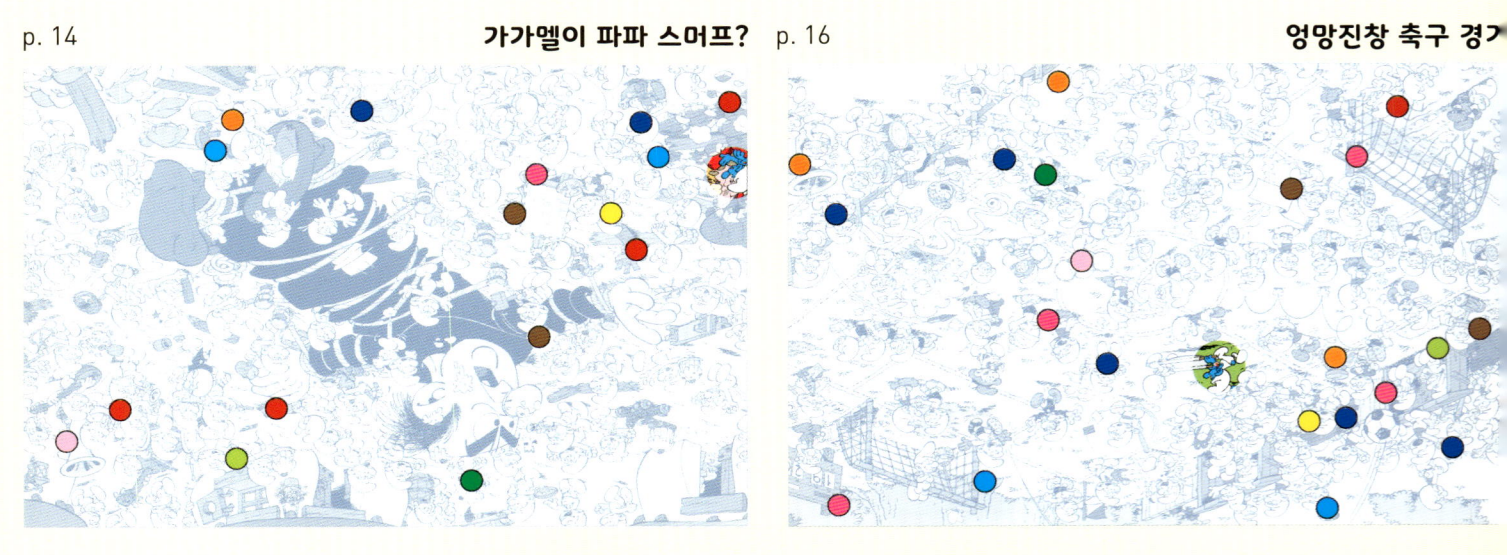

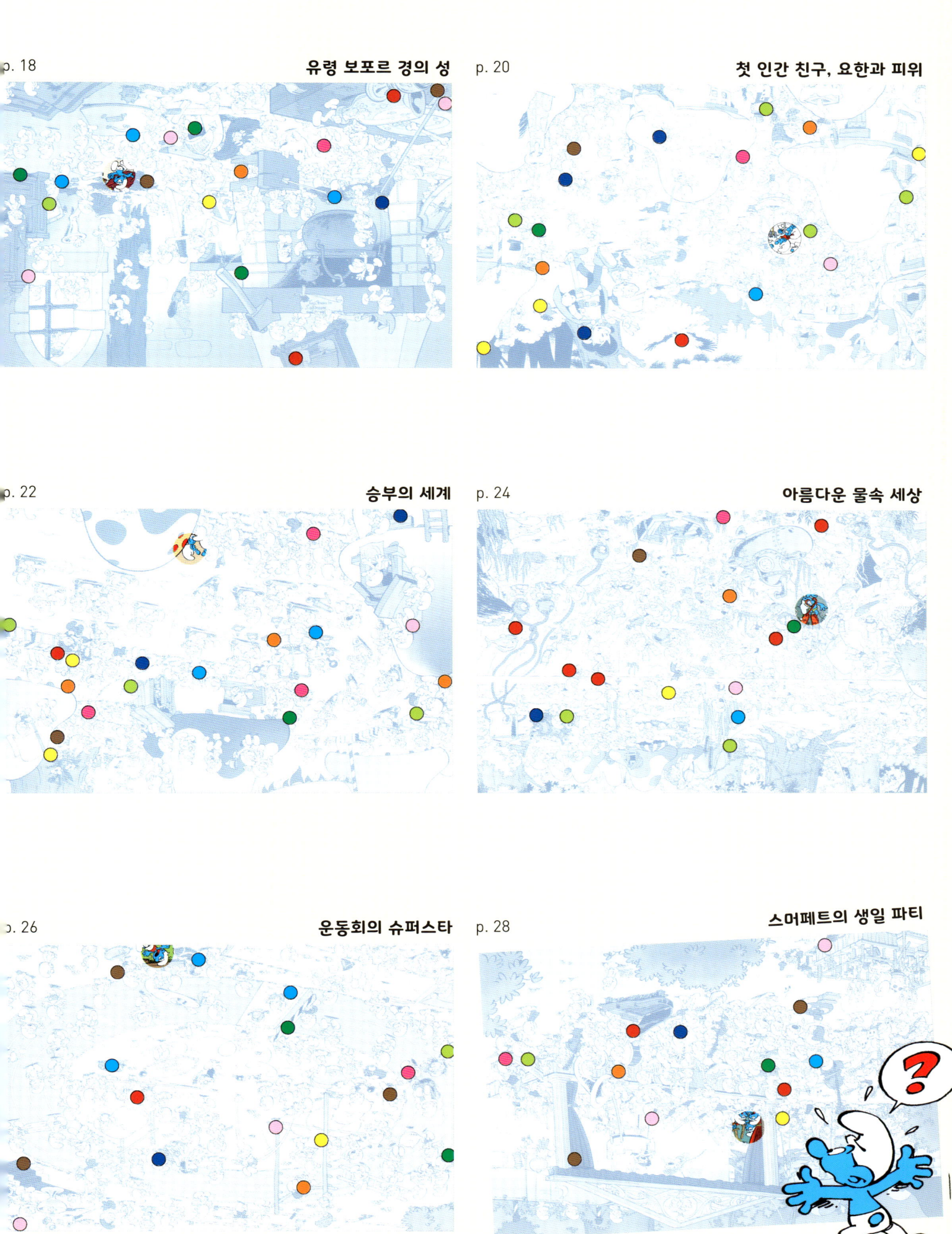

THE SMURFS

근육이 스머프를 찾아라!
스머프 친구들의 우정

초판 1쇄 2020년 12월 25일

원작	피에르 컬리포드(페요)
각색	더모던 편집부

펴낸곳	더모던
전화	02-3141-4421
팩스	02-3141-4428
등록	2012년 3월 16일(제313-2012-81호)
주소	서울시 마포구 성미산로32길 12, 2층 (우 03983)
전자우편	sanhonjinju@naver.com
카페	cafe.naver.com/mirbookcompany

ISBN 979-11-6445-356-6 77840

* 파본은 책을 구입하신 서점에서 교환해 드립니다.
* 책값은 뒤표지에 있습니다.